トッカータとフーガ

～ギター二重奏のための J.S. バッハ傑作選

柴田 健 編曲

Toccata and Fugue

～ J.S.Bach Masterpieces for Guitar Duo

Arranged by Kén Shibata

GG616

（株） 現代ギター社

GENDAI GUITAR CO.,LTD.

1-16-14 Chihaya, Toshima-ku, Tokyo, Japan

はじめに／ Preface

バッハはギターのために１曲も作品を残していないにもかかわらず、ギターの演奏会で頻繁にプログラムのメインを飾り、成功しているのは喜ばしい限りだが奇妙な現象と言えなくもない。近現代以前のギターのレパートリーを見てみると大作曲家の作品は著しく少なく、それに比べピアノ、ヴァイオリン、フルートなどは数え切れないほど存在している。楽器をやり始めた頃から大作曲家の作品に接しながら成長できるなんて羨ましい限りである。

本来ならバッハの曲も２声あたりから（デュオで）接していくのが順序だと思うが（例えば２声のインヴェンションや３声のシンフォニア辺りが良い教材になる）なかなか入手しにくいのが現状である。

本編ではタイプは異なるが、より多くのバッハ作品に接していただき、さらにバッハを理解し、演奏を通じてその素晴らしさを体感していただける佳作を集めてみた。

とかくバッハを弾くとき「ああだ！　こうだ！」と厳しい戒律が設けられているが、これは日本独特の現象といえる。装飾音ひとつ間違っただけで「あれはバッハではない」の一言で片付けられてしまうことが多い。大事なのはその演奏が何を言いたいかであって、「英文法がデタラメだからあなたの言い分は認められない。」と言われているのに等しい。昔、バッハを見事に弾くドイツ人と話しをしたことがある。私が「日本人にとってバッハは難しいよ！」と言うと彼は「何が難しい？　難しいことなんて何もないよ！」と言われた。留学中の話であるが、この時私は救われた思いがした。

年々バッハ研究は進み、演奏法も当時のことがだんだん明らかになってきているが、その演奏法を守るということはもちろん大切だが単にピリオド奏法（作曲された当時の演奏スタイル）で演奏していることにだけ重きを置いていないか注意を払わなければならない。では何故バッハにだけピリオド奏法を強制するのか？　ソルやジュリアーニには要求されないピリオド奏法が何故バッハだけに……？　私は時に理解に苦しむ。ただ英文法を知っているほうがスマートな会話が出来るのも事実だ。音楽も同じことだが、F.サイのように知ってか知らないかは定かではないが、当時の演奏法にこだわらずバッハ、モーツァルト演奏に大成功している演奏家もいる現実があるのも事実である。

巷では私の編曲は「難しい」とお叱りを受けるが、決して弾けないわけではない。高い山を登るためには苦痛が伴う。天に轟く大バッハ山を登頂するために小さな苦痛を伴うのは仕方がなく、山の頂きに着いたときの喜びを想像すれば苦痛でさえ喜びに変わるのではないだろうか。

最後に演奏を通じて「バッハ演奏に必要なものは何か」に気付いていただければ幸いです。

2018年6月　柴田 健

※楽譜中で、四角に入った数字は押さえるフレットを示す。

目次／ Contents

Sinfonia No.29

Wir danken dir,Gott,wir danken dir BWV29

シンフォニア〜神よ、われら汝に感謝す BWV29

Johann Sebastian Bach
Arranged by Kén Shibata

21
25
29
C.7
33
C.6
37
C.2
C.4

41
C.4
45
49
53
C.2
C.4
57
C.2

61
65
C.2
69
C.5
73
77

81
C.9
85
C.4
C.4
C.2
89
93
97
C.2

P.5
C.4
C.6
C.2
C.2

121
125
129
133
C.2
C.7
C.4
136

Adagio

BWV564

アダージョ BWV564

Johann Sebastian Bach
Arranged by Kén Shibata

simile
C.1

C.3
C.2
C.3
8va

Fugue

BWV578

小フーガ BWV578

Johann Sebastian Bach
Arranged by Kén Shibata

C.7
C.5
C.3
tr

50
53
56
59
C.5
C.7

62
64
66
C.5

Aria

BWV988

アリア〜ゴールトベルク変奏曲 BWV988 より

Johann Sebastian Bach
Arranged by Kén Shibata

C.2

Fantasie

BWV917

ファンタジア BWV917

Johann Sebastian Bach
Arranged by Kén Shibata

C.3
V
C.5

41
C.6
C.8
45
C.5
50
54
C.5
58

Fugue

from Toccata BWV914

トッカータより～フーガ BWV914

Johann Sebastian Bach
Arranged by Kén Shibata

C.5
C.5
C.4
C.5
C.5
C.5

C.2
C.5
C.3
C.5
C.7

C.2

60
62
C.2
65
C.4 C.5
C.9
68
70
C.2
C.5

Duetto Ⅰ

BWV802

デュエットⅠ BWV802

Johann Sebastian Bach
Arranged by Kén Shibata

13
16
19
22
C.7

25
28
31
34

49
52
C2
55
58

61
64
C.7
67
70

Duetto Ⅱ

BWV803

デュエットⅡ BWV803

Johann Sebastian Bach
Arranged by Kén Shibata

17
21
IX
25
29
33
B.7

37
Fine
41
45
49
53

XIV

D.S. al Fine

Badinerie

BWV1067

バディネリ～管弦楽組曲第２番 BWV1067 より

Johann Sebastian Bach
Arranged by Kén Shibata

□ : ポジション

cresc.
dim.
cresc.
C.7

Gavotto Ⅰ & Ⅱ

BWV808

ガヴォットⅠ＆Ⅱ～イギリス組曲第３番 BWV808 より

Johann Sebastian Bach
Arranged by Kén Shibata

C.7
Fine
D.C. al Fine

Ich ruf'zu dir,Herr Jesu Christ

BWV639

われ汝に呼ばわる、主イエス・キリストよ BWV639

Johann Sebastian Bach
Arranged by Kén Shibata

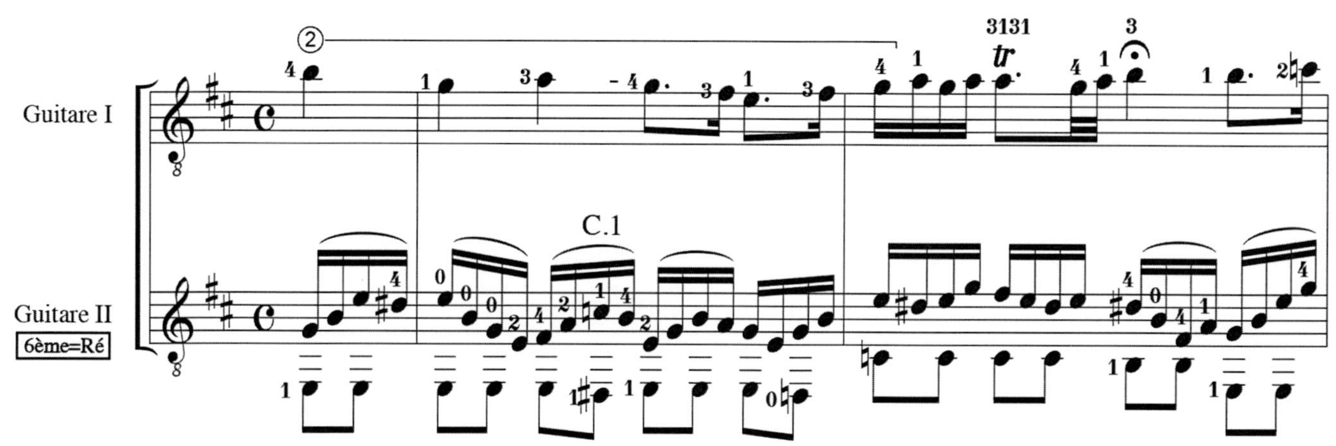

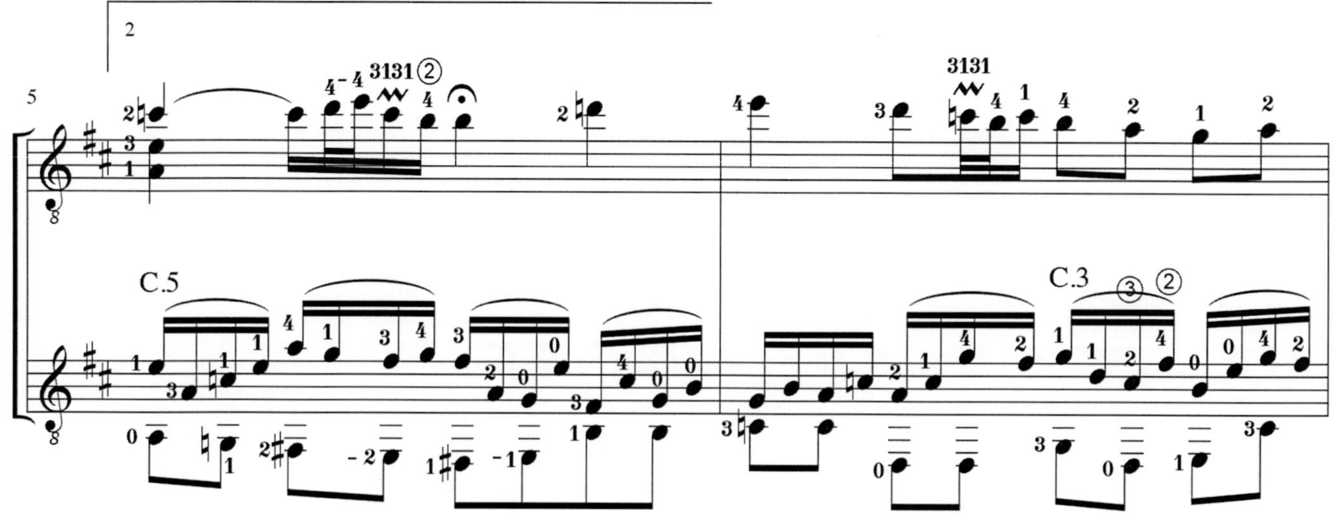

C.2
C.1
C.1
C.5
C.3

15
17
C.1
C.5
C.3
19
C.2

Toccata and Fugue

BWV565

トッカータとフーガ BWV565

Johann Sebastian Bach

Arranged by Kén Shibata

rall.
C.6
C.5
C.3
C.5
C.6

Prestissimo
p m i p m i
a m p a m p a m
p m i
rall.
C.14
C.9
C.2

C.2
C.5
C.3

46
C.2
49
52
C.3
C.5
55
57

sul tasto
sul tasto
sul tasto
sul tasto
C.5
sul pont.
sul pont.

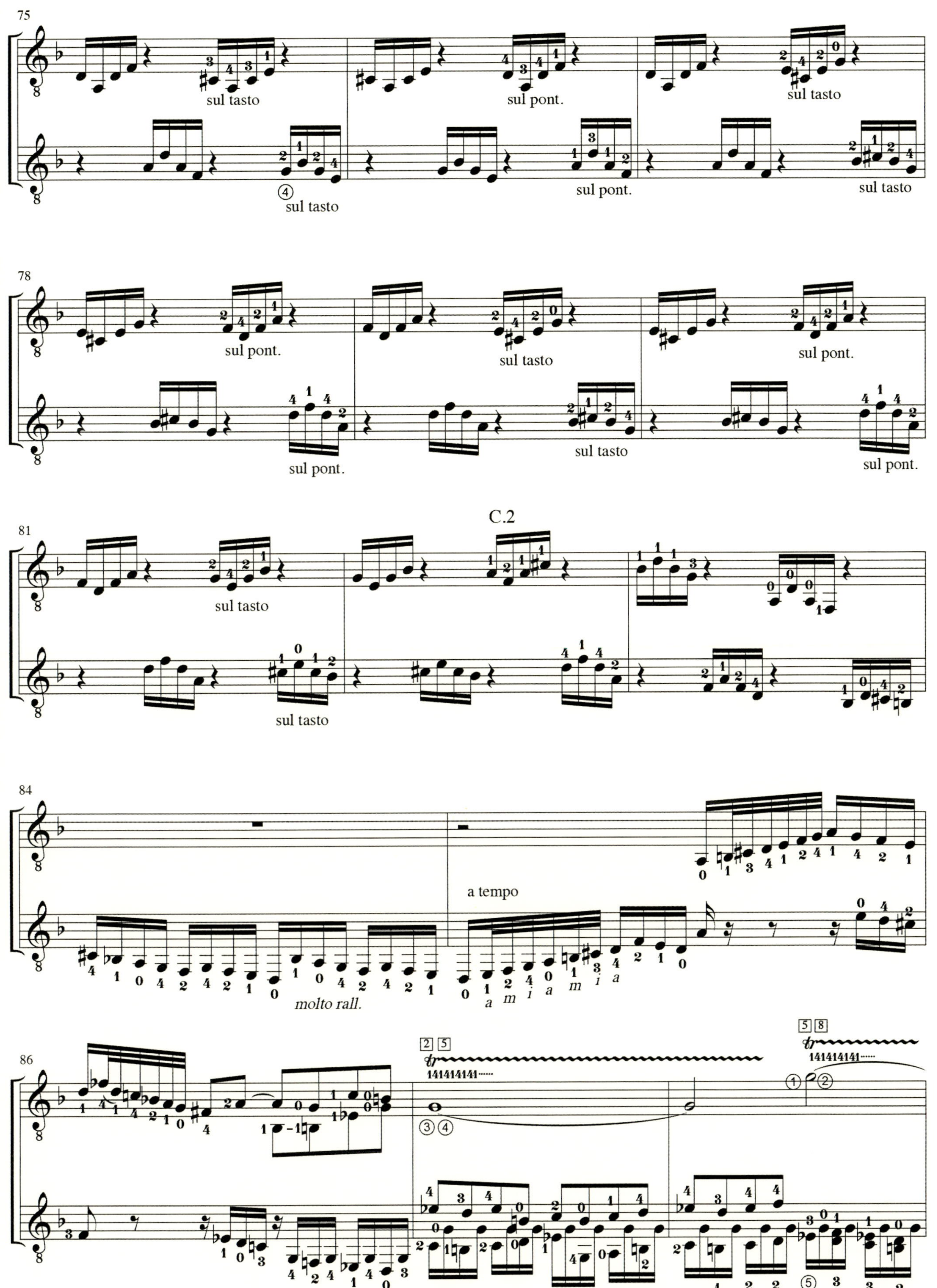
75
sul tasto
sul pont.
sul tasto
sul tasto
sul pont.
sul tasto
78
sul pont.
sul tasto
sul pont.
sul pont.
sul tasto
sul pont.
81
C.2
sul tasto
sul tasto
84
a tempo
molto rall.
86

89
C.3
92
95
98
101

104
C.2
107
110
113
C.3
116

Recitativo
C.1
C.3
rall.
accel.

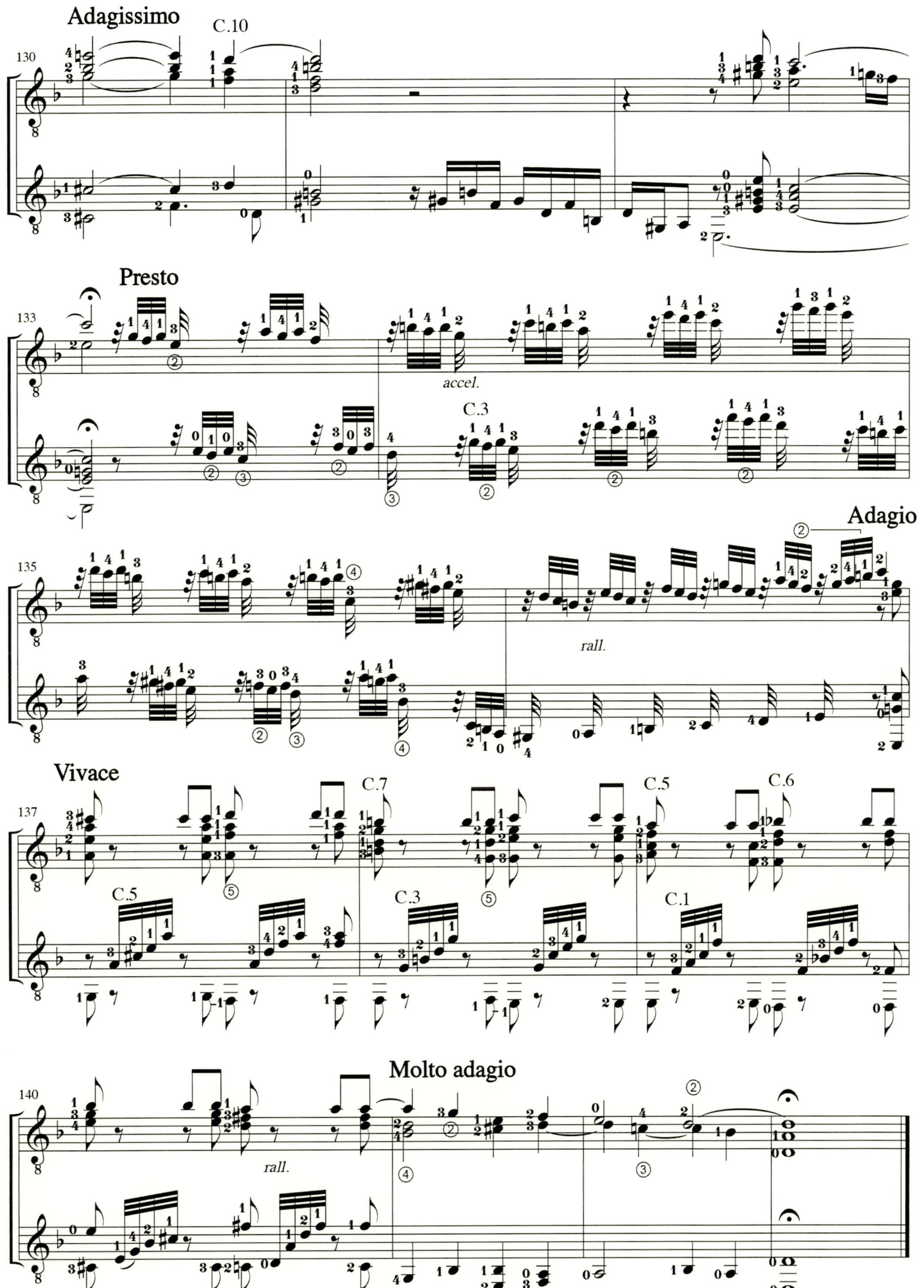
Adagissimo
C.10
Presto
accel.
C.3
Adagio
rall.
Vivace
C.5
C.7
C.3
C.5
C.6
C.1
Molto adagio
rall.

編曲者プロフィール／ Profile

柴田 健 Kén Shibata

大阪府出身。同志社大学卒業後渡仏。
パリ・エコールノルマル音楽院にて、アルベルト・ポンセに、ニース国際アカデミーにて、アレクサンドル・ラゴヤに師事。
'81年パリUFAM国際音楽コンクール優勝。帰国後、独奏・協奏曲・室内楽・朗読・声楽家と共演。
'88年に福山敦子とデュオを結成。アンリ・ドリーニ＆伊藤亜子夫妻、南米音楽をキューバにてレイ・ゲーラに師事。'92年第7回フランス・モンテリマール国際ギターデュオ・コンクール入賞。'01年、'03年ドイツ・ヴァイカースハイム国際音楽祭にゲスト演奏家とし招聘され国際ギターコンクールの審査員も務める。
'10年フランス・トゥルネイ国際ギター週間に招かれるなど海外公演も多く献呈曲も多い。
八尾市文化賞受賞。
CD『Duo-1』『タンゴ組曲』『巴里讃歌』『仮面舞踏会』、著書「メカニカル・トレーニング vol.1、2」（仏・ドゥラトゥール社刊）、楽譜「デュエット曲集」（現代ギター社刊）、「名曲集1」「ショパン名曲集1」「名曲集2シューマン、ブラームス」「ヴィラ＝ロボス作品集」「アンコール・ピース集」「16のスカルラッティ／ソナタ集」（マザーアース社刊）を出版。
現在、公益社団法人日本ギター連盟理事、日本ギター協会副会長、相愛大学音楽学部非常勤講師。

トッカータとフーガ
〜ギター二重奏のためのJ.S.バッハ傑作選
柴田 健 編曲

GG616
定価［本体2,500円＋税］

Toccata and Fugue
〜 J.S.Bach Masterpieces for Guitar Duo
Arranged by Kén Shibata

2018年8月1日初版発行
発行元 ● 株式会社 現代ギター社
〒171-0044 東京都豊島区千早1-16-14
TEL03-3530-5423　FAX03-3530-5405

印刷・製本 ● 錦明印刷株式会社
コード番号 ● ISBN 978-4-87471-616-8　C3073 ￥2500E

1-16-14 Chihaya, Toshima-ku, Tokyo 171-0044, JAPAN
http://www.gendaiguitar.com
1st edition : August 1st, 2018
Printed in Japan